DES

COUPS D'ÉTAT

DANS

LA MONARCHIE

CONSTITUTIONNELLE.

DES

COUPS D'ÉTAT

DANS

LA MONARCHIE

CONSTITUTIONNELLE.

Par M. AIGNAN,

DE L'ACADÉMIE FRANÇAISE.

SECONDE ÉDITION.

PARIS,

DELAUNAY, Libraire, Palais-Royal, Galeries de bois, n°. 243.
ALEX. EYMERY, Libraire de la *Minerve française*, rue Mazarine, n°. 5o.

1818.

DES
COUPS D'ÉTAT
DANS
LA MONARCHIE
CONSTITUTIONNELLE.

~~~~~~~~~~~~~~

IL est des temps et des lieux où l'ami de son pays et de l'humanité ne peut impunément parler aux hommes de ce qui intéresse les hommes ; ni aux gouvernemens de ce qui conserve ou détruit les gouvernemens : grâce au ciel, ces temps et ces lieux ne sont plus les nôtres. Toutefois, je ne me dissimule point que j'aborde ici vers une côte périlleuse, semée de bien des écueils , et dont beaucoup de passions défendent l'accès ; mais la vérité, même sans art , lorsque la modération la guide , a de puissans moyens pour arriver à son but.

Qu'est-ce qu'un COUP D'ÉTAT? C'est le brisement illégal et violent d'une résistance présumée dangereuse.

Dans les gouvernemens d'un despotisme
pur, en Turquie, en Perse, on ne peut pas
faire de coups d'état. Nul brisement ne peut
y être illégal, puisque nulle répression n'y
est légale; nulle résistance ne peut y être considérée comme dangereuse, puisqu'on n'y
connaît point de résistances. Seulement,
lorsqu'un esclave s'y trouve plus fort que le
maître, il se met à sa place, et voilà tout.

Dans les gouvernemens d'un despotisme
tempéré, tel qu'a été celui de la France depuis Louis XIII jusqu'à la révolution, les
coups d'état sont périlleux, mais possibles.
Ils dérivent, à la rigueur, de la nature de l'in-
stitution où presque tout, mais non pas tout,
est donné à l'arbitraire. Ce qui peut y être ré-
primé légalement peut y être illégalement
brisé, sans sortir des habitudes violentes de
la monarchie; ce n'est là qu'une extension
un peu plus forte du pouvoir absolu. Quelque
chose y résiste; donc quelque résistance peut
y être estimée dangereuse, parce que des
lois précises n'en ont pas posé les barrières.
Aussi la France, dans cette période de temps,
a-t-elle eu des coups d'état; et, quoique
ces crises l'aient définitivement affaiblie,

elle a pu les supporter, parce que son organisation n'y répugnait pas essentiellement.

Mais dans les gouvernemens constitutionnels, tels que le nôtre, les coups d'état
sont aussi IMPOSSIBLES que dans les empires
d'un despotisme pur, et des causes con-
traires ont ici un pareil effet. Nulle résistance
ne peut y être présumée dangereuse, parce
que les lois suffisent à réprimer tout. Nulle
résistance ne peut y être illégalement brisée,
parce que ce serait briser le corps social lui-
même, et dissoudre ses élémens, qui sont
les lois.

Et qu'on ne dise pas : *la force des circonstances*. Ce qui fait la beauté d'un tel gouvernement, c'est qu'il ne peut jamais, tant que
l'exécution des lois y est ferme et vigou-
reuse, s'y trouver de circonstances aussi fortes
que les lois. Un orage a-t-il courbé sa tête :
il se redresse plus imposant et plus calme;
et, continuant de marcher majestueusement
dans ses limites, il accroît sa puissance
et le respect des peuples, de toute la violence
même des épreuves qu'il a subies. Que si,
au contraire, il perd son à-plomb dans cet
ébranlement, et sort une fois des routes qui

lui sont propres, les liens de la confiance publique se relâchent, et il faut des peines infinies pour les resserrer; tout est remis en problème; on joue à recommencer, comme les enfans, lorsque le coup leur déplaît.

Quand le grand-mogol, à qui un officier français avait appris le piquet, disait à son favori, «Joue cœur, ou je te coupe le cou», le favori savait à quel prix il pouvait s'abstenir de jouer cœur; il pouvait sacrifier sa tête, si elle lui était moins chère que l'économie de son jeu. Mais dans une partie où chacun sait qu'il lui est permis de jouer à volonté cœur, pique, trefle ou carreau, sans autre chance fâcheuse que celles qui dérivent des règles mêmes du jeu, c'est-à-dire dans un gouvernement où toutes les conséquences pénales des actions sont connues et légalement déterminées, si l'on coupait la tête à celui qui aurait joué trefle, quand on voulait qu'il jouât cœur, il est clair qu'on serait plus barbare que le grand-mogol, qui, du moins, avait l'attention de prévenir. La constitution du pays ne serait plus qu'un piége exécrable, dans lequel les petits comme les grands, les faibles comme les forts, les timides comme les audacieux, seraient tous entraînés.

En effet, la partie de piquet du despote ne se joue qu'avec quelques favoris, qu'avec quelques puissans ; ou, en d'autres termes, l'action de l'autorité est renfermée entre lui et un petit nombre de personnes. Ainsi en France, avant la révolution, les parlemens, depuis que les états-généraux n'étaient plus assemblés, possédaient seuls quelque portion du pouvoir public, indépendante de la volonté royale ; c'était donc contre eux seuls que les coups d'état pouvaient être dirigés ; et c'est contre eux seuls qu'ils l'ont été effectivement dans les exils successifs prononcés par Louis XV et par Louis XVI. Or, la masse du peuple n'éprouvait qu'une secousse indirecte de l'oppression de quelques magistrats. Le titre même de magistrat n'était pour ceux-ci qu'un accident, une modification, dont ils étaient toujours les maîtres de s'affranchir ; et, avec l'anéantissement des devoirs d'une condition particulière, cessaient pour eux les périls qui pouvaient s'y trouver attachés. Au lieu que, dans le gouvernement représentatif, c'est la nation entière, sans aucune exception , qui est admise à jouer la partie. Ce seraient donc les membres de la nation entière qui vivraient exposés aux coups d'état; et comme cette qualité de membre de la nation ne peut jamais se perdre , il n'y aurait JAMAIS pour PERSONNE aucun refuge contre le danger : je n'ai pas besoin de dire qu'un tel état de choses serait intolérable , et ne subsisterait pas.

Mais n'est-il aucun cas extraordinaire, où, pour le salut de l'état, l'action constitutionnelle doive être momentanément suspendue? AUCUN. Cette suspension de la loi dans les circonstances difficiles, est, si l'on veut y bien réfléchir , un remède mortel.

Quoi ! c'est le relâchement des lois (il n'y a pas d'autre cause de péril dans les gouvernemens représentatifs) (1) qui a suscité vos embarras, et vous brisez les lois pour surmonter vos embarras ! vous vous privez de votre force habituelle, lorsqu'elle vous est le plus impérieusement nécessaire! Vous ressemblez à un homme qui jetterait son argent dans la rivière , parce qu'il craindrait de n'avoir pas de quoi payer ses dettes. Non, je le répète , il n'est aucune circonstance , absolu-

ment aucune, qui puisse motiver l'interruption du mouvement constitutionnel. Le principe de l'interruption une fois établi, ou
l'interruption une fois mise en action, plus
de stabilité, plus de fixité sur rien; tout
est frappé de mort. L'état devient la proie
des factions qui croient toujours qu'il y a
péril public, lorsqu'elles ne sont pas assou-
vies. Si la constitution d'Angleterre, déjà si
fortement altérée, vient jamais à périr, les
suspensions de l'*habeas corpus* en seront la
première cause. — Mais des séditions les ont
quelquefois rendues nécessaires. — Un état où
l'action de la loi est forte, précise, conti-
nue, universelle, ne connaît point de séditions, ou n'en connaît que d'assez misérables
pour que la loi suffise, sans peine, à les réprimer.

Il faut en revenir à ce principe éternel,
inaltérable : dans un gouvernement constitutionnel, les coups d'état sont impossibles;
coup d'état ou dissolution de l'état y sont
la même chose.

Ces théories sont l'évidence même, et
l'expérience de la France constitutionnelle
ne les dément point. Il est bien vrai que,

depuis que la Charte est proclamée, il y a
eu en France des coups d'état; il est bien
vrai que de telles mesures étaient des er-
reurs déplorables, puisqu'elles aggravaient
les fautes noblement confessées dans la pro-
clamation de Cambray (2); mais il est vrai
aussi que, sans l'occupation des armées
étrangères, ces atteintes portées à l'état par
des imprudens, en auraient amené la dissolution rapide. Aujourd'hui, si ce renversement des lois se prolongeait, je ne re-
tranche rien de la rigueur des principes; aujourd'hui les choses reprennent leur nature
propre, et toutes leurs propres conséquences.

S'obstinerait-on à douter que les coups
d'état soient décidément incompatibles avec
les gouvernemens représentatifs? il ne fau-
drait que réfléchir à ces deux circonstances
remarquables des coups d'état portés en
1815; l'une, qu'on s'est cru obligé de les
motiver presque tous, ce qui est contre l'essence de l'arbitraire; l'autre, que les motifs
exprimés ou connus conduisent tout droit
à l'absurde, et cela même est à mes yeux
un affaiblissement plus qu'une aggravation

du mal; j'aime qu'on puisse prouver aux hommes qu'ils se sont mis dans cette position de ne pouvoir blesser la justice sans faire violence au sens commun.

Je dis que les motifs exprimés ou connus conduisent tout droit à l'absurde; rien de si facile que de le démontrer.

La presque totalité des votans ont été bannis, et la cause de leur bannissement n'est pas leur seul vote, car d'autres votans sont tranquilles sous les yeux même du gouvernement. La cause d'exil est le vote, plus la signature apposée sur l'acte additionnel aux constitutions de l'empire. Mais, lorsque l'article 11 de la Charte a « interdit » toute recherche des opinions et votes émis » jusqu'à la restauration; » lorsqu'il a « commandé le même oubli aux tribunaux et » aux citoyens, » je ne sache pas qu'il ait excepté de cet oubli, de cette interdiction de poursuites, la signature d'un futur acte additionnel. Il n'en a excepté quoi que ce soit. Il a voulu que l'action couverte du voile de l'oubli, fût NULLE à jamais pour la vengeance publique, et se réfugiât dans le sanctuaire inviolable des consciences. Comment donc une action nulle aux yeux de la loi, c'est-à-dire, rien, peut-il pour motiver un châtiment, se combiner avec quelque chose, surtout quand ce *quelque chose* n'empêche pas, à lui tout seul, d'occuper les premières places de l'état? — Mais vous avez méprisé le pardon de la Charte. — Les Chartes expriment des droits et des devoirs, elles ne prononcent ni vengeance ni pardon. Et supposons, pour un moment, que la Charte m'ait *pardonné*; si c'est avec des restrictions, encore une fois, où sont-elles? si c'est sans restrictions, pourquoi en établissez-vous? Qui vous a donné le droit de me séparer des autres citoyens? la Charte du royaume de France a-t-elle créé des Parias?

D'autres bannissemens plus inconcevables encore, ont été portés par la même loi d'amnistie, contre des citoyens qu'une ordonnance antérieure désignait, ceux-ci à des conseils de guerre, ceux-là à la surveillance de la police. Eh quoi! ce sont des députés constitutionnels, rassemblés en vertu des seuls pouvoirs et pour la seule mission qu'ils tenaient de la Charte, qui, de leur autorité privée, se sont constitués juges et ont rendu des sentences contre des citoyens français! Ils ont remplacé la juridiction des conseils de guerre pour les uns, et une juridiction imaginaire pour les autres, qui ne sont prévenus de rien! Vous voyez bien qu'il n'y avait plus de Charte, conséquemment plus de députés, au moment de cette épouvantable usurpation de pouvoirs.

Quant aux éliminations que les corps ont subies à la même époque, ce sont des coups d'état, moins violens si vous voulez, mais non moins destructifs de l'organisation, de la vie constitutionnelle; le jour où des pairs ont été exclus de leur chambre par une ordonnance, il est bien évident que la pairie a été frappée au cœur.

La nécessité rigoureuse de cette conclusion a été si bien sentie, qu'on a essayé de la masquer sous un échafaudage de sophismes, échafaudage qu'un souffle peut renverser. Pour exclure les pairs des cent jours, on s'est efforcé de les faire considérer comme démissionnaires. « Il est hors de » doute, dit le préambule de l'ordonnance du » 24 juillet 1815, que des pairs de France,

» tant qu'ils n'ont pas encore été rendus hé-
» réditaires, ont pu et peuvent donner leur
» démission, puisqu'en cela ils ne font que
» disposer d'intérêts qui leur sont purement
» personnels. Il est également évident que
» l'acceptation de fonctions incompatibles
» avec la dignité dont on est revêtu, suppose
» et entraîne la démission de cette dignité ;
» et par conséquent les pairs qui se trouvent
» dans le cas ci-dessus énoncé, ont réelle-
» ment abdiqué leur rang, et sont démission-
» naires, de fait, de la pairie de France. »

Ceux qui, par ces argumens bizarres,
ont cru combler en partie le précipice où
ils jetaient la Charte, ne se sont pas aper-
çus qu'ils ne faisaient que l'élargir et le
creuser plus profondément. S'ils avaient
exclu quelques pairs sans donner de motifs, la pairie seule aurait été frappée ; mais
lorsqu'ils consacrent cet étrange principe,
qu'il est, pour le fonctionnaire inamovible,
des cas équivalens à démission, et que le
ministère est seul arbitre de ces cas, ils dé-
truisent en France toute inamovibilité.
Ainsi, un juge *n'est point héréditaire*, il
peut donner sa *démission, puisqu'en cela*,

il ne fait que disposer d'intérêts qui lui sont purement personnels; si donc il lui arrivait d'être désagréable au ministère, *soit en acceptant des fonctions* que le ministère jugeât *incompatibles avec la dignité dont il est revêtu*, soit par toute autre action qui fournit un suffisant prétexte, et les prétextes ne manquent jamais au plus fort, le ministère pourrait le révoquer comme démissionnaire !.. Vous voyez bien que l'ordonnance du 24 juillet ne porte pas moins atteinte à l'indépendance de la judicature, qu'à celle de la pairie; et vous acquérez de plus en plus la conviction que, dans une monarchie représentative, les coups d'état sont impossibles.

L'élimination de plusieurs membres de l'institut, quoique prononcée indirectement sous la forme d'une réorganisation de cet illustre corps, n'en est pas moins destructive des principes vitaux de la monarchie constitutionnelle. Une loi avait créé l'institut; une loi seule pouvait le dissoudre; ou il faut reconnaître que la Charte ne dit pas vrai lorsqu'elle déclare, article 15, que « la » puissance législative s'exerce collective-

» ment par le roi, la chambre des pairs,
» et la chambre des députés des départe-
» mens. » Il faut reconnaître que le principe
qui maintient les lois non abrogées, n'existe
pas ; ou, ce qui est bien pis, que le ministère en prend ou en laisse à volonté ce qu'il
veut ; et que serait-ce qu'un pareil ordre
de choses, sinon l'anarchie même ? Qu'est-
ce qu'un institut des sciences et des arts,
dont les membres sont faits et défaits par
le ministère ? Qu'est-ce que des membres de
l'institut, qui sont ou ne sont pas au ju-
gement d'une ordonnance ? Ce sont (la
pompe des mots ne fait rien aux choses)
de simples commis d'administration. Leur
broderie ne change pas leur nature ; ils la
portent dans leurs séances, comme Molé
la portait sur le théâtre ; ce n'est plus qu'un
jeu, qu'un simulacre, qu'une fiction. Et re-
marquez que je plaide ici la cause des principes, nullement celle des individus. Garat,
Étienne, Arnault, David, Grégoire et tant
d'autres, manquent plus à l'institut que
l'institut ne leur manque. Ici, le vérita-
ble préjudice est aux entrans ; qu'avaient
fait plusieurs hommes éminemment dignes

de nos suffrages, pour mériter d'être aca-
démiciens de la façon d'un ministre ?

Non, mille fois non, les coups d'état
ne peuvent pas exister simultanément avec
les constitutions représentatives. Un seul
porté, à quelque époque que ce soit, auto-
rise pour jamais les citoyens à en craindre
d'autres ; et c'est une alliance monstrueuse
que la terreur dans le fait, et la sécurité dans
le droit. Toute espèce de coup d'état dans
la monarchie constitutionnelle, est une
trahison envers le peuple et le monarque.

Je sais bien que l'article 4 de l'ordonnance
du 24 juillet 1815 s'exprime en ces propres termes : « Les listes... sont et demeu-
» rent closes par les dispositions nominales
» contenues dans ces articles, et ne pour-
» ront jamais être étendues à d'autres pour
» quelque cause et sous quelque prétexte
» que ce puisse être, autrement que dans
» les formes et suivant les lois constitution-
» nelles (3), auxquelles il n'est expressément
» dérogé que pour ces cas seulement. » Mais
cette déclaration ne fait que m'embarrasser
davantage et bouleverser de plus en plus mes
idées. De quel droit excepterait-on du pacte

national un seul citoyen ? En excepter un ,
n'est-ce donc pas les excepter tous ? Et laquelle croire, ou de la Charte, qui garantit
que les droits des Français ne seront JAMAIS
violés ; ou de l'ordonnance, qui assure qu'ils
ne le seront QU'UNE SEULE FOIS ? Si je m'en
rapporte à celle-ci, il est clair que je ne puis
plus me confier à l'autre.

L'alternative n'est pas douteuse, c'est la
Charte qu'il faut croire. Il faut se fier à la
parole sacrée du roi constitutionnel, qui ne
change point, plutôt qu'aux fragiles promesses des ordonnances qui passent, et des
ministres qui disparaissent.

Si le malheur de mon pays était tel, que
le monarque, brisant ses engagemens avec
son peuple, eût cru devoir imprimer à ces
désastreuses mesures le sceau de sa volonté
personnelle, je gémirais en silence ; et,
quelque urgent que fût le remède à donner
à nos maux, je craindrais de commettre un
mal non moins grand peut-être, en aggra-
vant les atteintes que se seraient portées à
elles-mêmes la force et la majesté royales.
Mais, grâces soient rendues à la sagesse du
prince et à notre bon génie ! Les actes que

vient d'examiner un citoyen, sont tous de
l'espèce de ceux que nos lois livrent aux
discussions publiques. Le prince n'est inter-
venu dans nos déplorables coups d'état que
par la résistance qui les a différés, et par la
bonté qui les répare. C'est donc vers son
trône qu'ose, en ce moment, s'élever ma
faible voix.

SIRE, ceux qui ont voulu des coups d'état
n'ont pas connu les Français; et vous, qui
voulez la Charte, vous les connaissez bien.
Sans vous, sans la confiance qu'inspire à la
nation le caractère personnel de votre majesté, la France aurait été perdue par la
chambre et par les hommes d'état de 1815.

Et cependant, des Français non jugés,
non accusés, sont encore aujourd'hui errans
ou cachés misérablement sur la terre d'exil
armée contre eux de tous les raffinemens
de l'inhospitalité. Quelques jours de plus, et
l'Europe va se couvrir de leurs tombeaux,
si elle leur accorde des tombeaux; et les
déserts du Nouveau-Monde, habités heureu-
sement par des sauvages, vont se peupler
de leurs colonies.

Sire, aussi long-temps que quelques Français seront rejetés de leur pays ou de leurs places inamovibles, tous les Français seront opprimés ; car tous sont solidaires en droits et en garanties ; point de constitution représentative sans cela. Si l'étranger nous félicitait de vivre sous une monarchie constitutionnelle, serions-nous donc réduits à nous taire et à baisser les yeux? Non, Sire; vous allez ouvrir la chambre des députés ; c'est une puissante espérance pour les Français.

Mais tous les coups d'état n'ont pas été frappés en 1815. Sous un gouvernement dont l'essence est que son action soit entièrement réglée par la loi, toute violation de la loi est un coup d'état. Ce sont autant de coups d'état que les moindres atteintes à la liberté des personnes, de la presse, des cultes, à l'égalité de l'impôt ou à l'égalité politique, à l'inviolabilité des consciences ou des propriétés. L'irresponsabilité des ministres, si elle se prolongeait, serait un coup d'état permanent. Point de milieu ; il faut, ou que la loi dévore l'arbitraire, ou qu'elle soit dévorée par lui ; leur accouplement est monstrueux, et finirait par enfanter la ruine de toute morale, de toute confiance, de toute certitude, de toute vérité.

Sire, la nation française a compris, non moins que son Roi, l'excellence du gouvernement constitutionnel. Elle sait que le bienfait d'un tel gouvernement est de confondre la politique dans la morale même, et dans le respect de l'humanité (4); mais elle sait aussi que jamais la morale et l'humanité ne pourraient recevoir de blessures plus profondes que d'un fantôme de constitution, à l'ombre duquel triompherait l'arbitraire (5). Le despotisme déclaré, si avilissant pour l'espèce humaine, peut du moins donner de la gloire à quelques hommes ; c'est moins, en quelque sorte, une extinction qu'un déplacement odieux et une concentration inique de valeurs. Au lieu que le despotisme furtif, condamné par les lois du pays et forcé de se réfugier dans la puissance de fait avec une intensité égale à l'obstacle qu'il éprouve, est pour l'homme la combinaison la plus flétrissante, la plus intolérable qu'il soit possible d'imaginer.

Votre majesté, Sire, a trop étudié en philosophe l'histoire nationale, pour ne s'é-

tre pas convaincue que la tendance au mépris
des hommes a été, depuis deux siècles surtout, le tort bien grave de presque tous
ceux que nos Rois ont faits dépositaires de
leur faveur ou de leur autorité. Il ne faut
point douter que telle n'ait été la cause la
plus active de nos troubles et de nos révolutions.

Les révolutions, Sire, sont les coups
d'état des peuples. Il est trop vrai qu'à cer-
taines époques, les délégués et les favoris des
rois semblent, à l'envi les uns des autres,
provoquer ces bouleversemens. Leurs vœux
insatiables ne connaissent que la chance périlleuse de tout perdre ou de tout gagner :
tel n'est point l'intérêt des rois, tel n'est
point celui des plus modestes citoyens. Sous le
chaume, ainsi que sous le dais, il faut du calme
d'esprit, et la garantie de sa personne et de
sa propriété. Aussi les peuples et les rois
commencent-ils à s'entendre, et ce progrès
de la raison humaine est la plus forte sécurité de l'âge où nous vivons.

Sire, on aura cherché à vous peindre sous
de fausses couleurs ces *indépendans* qui se
feront toujours gloire d'être dépendans de

la loi (6). Soyez bien sûr que, comme la liberté, qui est l'ordre, a parmi eux ses amis les plus dévoués, les révolutions, qui sont le désordre, ont parmi eux leurs ennemis les plus ardens. Ils abhorrent les coups d'état des peuples; mais ils ne sont pas moins consternés des coups d'état du pouvoir ; et vous savez que le pouvoir n'existait pas, lorsqu'il y avait déjà la liberté.

NOTES.

(Note 1, page 10.)

Cette vérité, pour être souvent méconnue, n'en est pas moins incontestable. La tranquillité d'un état tel que la France, par exemple, ne peut jamais être compromise que par les factions. Nulle invasion étrangère n'y est possible tant que les lois y sont en honneur. Fonder la loi en France, ou fonder éternellement le repos public, c'est tout-à-fait la même chose. J'entends des personnes bien intentionnées répéter aux constitutionnels : « Prenez garde d'aller trop vite. — Que dites-vous donc là ? prendre garde d'aller trop vite dans les lois ! d'aller trop vite dans l'ordre ! trop vite dans la répression des factieux ! trop vite dans la force et l'union des Français ! »

(Note 2, page 12.)

On ne dira pas que la Charte était alors suspendue. Pour suspendre la Charte, il aurait fallu tout au moins une déclaration publique ; et, au contraire, le Roi, si opposé personnellement aux coups d'état,

venait de promettre , avec solennité , *d'ajouter à la
Charte toutes les garanties qui peuvent en assurer le
bienfait.*

(Note 3, page 19.)

A chaque pas que l'on fait dans ce chaos, on est
frappé d'étonnement et d'effroi , en songeant que
des hommes qui ont administré un état constitutionnel n'avaient pas la notion la plus élémentaire de ce
que c'est que constitution. Quoi ! vous supposez que
d'autres listes de condamnation puissent être dressées
dans les formes et suivant les lois constitutionnelles!
Croyez—vous donc qu'une loi inconstitutionnelle ,
quant au fond , quoique constitutionnelle par la forme , soit une loi? qu'une ordonnance , qui usurpe le
pouvoir des lois , soit une ordonnance? qu'un arrêt
vexatoire d'administration ou un ordre d'arrestation illégal, soit un ordre, un arrêté? Le député, le ministre,
l'administrateur, le juge, perdent à l'instant même leur
caractère pour tous les actes dans lesquels ils violent
la constitution. Relativement à l'émission de ces actes , ils ne sont plus rien , et rien ne peut sortir de
rien. Mais comme il a été porté respect et déférence
à des illusions, de même que si c'était des réalités ,
il faut que ce désordre de la société se répare sur-le-
champ. Voilà pourquoi la pleine responsabilité des
fonctionnaires, et l'entière liberté de la presse , sont
des pièces si indispensables du mécanisme constitutionnel. Comme gages de la prompte publicité et de
la prompte réparation des préjudices apportés aux ci-

toyens, elles sont le ciment de leur obéissance. Elles
empêchent que l'opprimé ne rentre dans le droit
naturel, et n'échappe, par la défense de soi-même,
à la soumission sociale, dont il est sûr d'être dédom-
magé, si elle excède la mesure de sa dette.

Cependant des hommes d'état osent émettre assez
publiquement cette opinion, que l'article 14 de la
Charte, où il est dit que: « Le roi fait les règlemens
» et ordonnances nécessaires pour l'exécution des lois
» et la sûreté de l'État, » donne au roi le pouvoir de
suspendre la constitution? Quoiqu'une telle extra-
vagance ne mérite guère une discussion sérieuse, je
prierai ces personnes-là de dire si le pouvoir qu'elles
attribuent au roi va, dans leur opinion, jusqu'à
détruire entièrement la Charte, et nous rendre l'an-
cien régime. Si leur réponse est *oui*, je leur décla-
rerai qu'alors c'est comme si nous n'avions point de
Charte, ou plutôt que c'est bien pis que si nous n'en
n'avions point. Si leur réponse est *non*, je leur deman-
derai à quoi bon une délimitation, un balancement
de pouvoirs, lorsqu'il serait loisible à l'un de ces
pouvoirs, et à un pouvoir inviolable, d'envahir momentanément tous les autres? Je les supplierai de
réfléchir que le roi, n'étant que le tiers de la puissance législative (art. 15 de la Charte), s'il pouvait jamais devenir toute cette puissance à lui seul;
chacun des deux autres tiers le pourrait aussi; et dans
quelles conséquences à perte de vue cela ne nous
jetterait-il pas! Revenons donc aux lumières du sens
commun, et reconnaissons que des règlemens et des

ordonnances ne peuvent, d'après l'article 14 de la Charte, pourvoir *à l'exécution des lois et à la sûreté de l'état*, que dans la mesure propre à la nàture du pouvoir dont elles émanent.

(Note 4, page 23.)

Par quelle subversion d'idées a-t-on pu jusqu'à présent séparer et même opposer l'une à l'autre des choses identiques, au point de dire par exemple : « La morale condamne ceci, mais la politique le justifie; ou bien , telle mesure est injuste, mais utile » ? Ne nous lassons point de le répéter : « Rien n'est utile que ce qui est honnête, et tout ce qui n'est pas honnête est funeste. Ces deux mots *politique, morale*, ne sont , comme on sait , que des attributs auxquels doit être rapporté le substantif, *économie*, *organisation*, ou tel autre équivalent; de sorte que la morale est l'économie de l'homme , et la politique, l'économie de la cité. Mais , comme la cité n'est établie que pour le bien des hommes , je demande si l'on peut rien concevoir qui implique une plus forte contradiction, que des principes à la fois destructifs du bien de l'homme , et productifs du bien de la cité.

Mirabeau a dit , non point (comme on l'a imprimé par erreur) à l'assemblée constituante, qui se serait soulevée d'indignation, mais dans une réunion particulière , que *la petite morale tue la grande*. Qui eût proféré devant lui cet axiome , lorsqu'il était renfermé au donjon de Vincennes , l'eût fait tressaillir

d'une juste fureur. Mirabeau savait bien des choses,
mais son esprit, si pénétrant, si vaste, ne l'était point
encore assez, puisqu'il ignorait que la morale est
une; qu'elle ne peut se diviser en grande et en petite;
que la morale est aussi grande lorsqu'elle conserve un
individu que lorsqu'elle sauve un empire; ou plutôt
que, dans les deux cas, c'est la même, agissant par
les mêmes principes; et que vous pouvez répondre
hardiment à quiconque vient vous proposer une action mauvaise, mais *nécessaire au salut de l'état:*
« Mon ami, tu es un méchant ou un sot. »

(Note 5, page 23.)

La dernière session des chambres a offert un phé-
nomène bien remarquable, lorsque du rang des
ministériels sont sortis les *doctrinaires.* Ce n'est pas
voir comme il faut que d'attribuer ce changement
à des calculs politiques. Il n'est point donné à la politique, telle qu'on se la représente vulgairement,
d'opérer de tels prodiges. Elle a beau varier ses formes
et son langage, en variant ses intérêts, on reconnaît
toujours le mobile honteux qui la fait agir. Mais
dire: « Je reste fidèle à tous mes sermens, à toutes
mes affections; seulement je sépare de votre cause
ce que vous y laissez s'introduire de condamnable;
voilà les voies où je marche; voilà les limites devant
lesquelles je m'arrête; et ces voies, ces limites, ce
sont vos propres devoirs, vos propres engagemens... »
encore une fois, cette éclatante déclaration ne peut

être considérée que comme un hommage à la morale et à l'humanité.

La révolution sera irrévocablement terminée le jour où le gouvernement, soumettant à cette épreuve de la morale toutes les lois et toutes les institutions, et laissant quelques insensés s'agiter dans le mépris et dans le désespoir, réunira facilement la nation entière, qui ne veut pas autre chose que l'application des saines doctrines, mais qu'on ne peut plus tromper sur ce que c'est que doctrine saine ou doctrine erronée ; au lieu que s'il souffrait la prolongation de cette lutte dans laquelle toutes les idées se confondent et tous les mots perdent leur valeur, au point que les promesses se traduisent par des refus, nul doute qu'il ne se formât enfin, non-seulement de parti à parti, mais d'individu à individu, des multitudes de nœuds gordiens, qui finiraient par ne pouvoir plus être déliés que comme les nœuds gordiens se délient.

(Note 6, page 25.)

Quelques personnes diront : « Pourquoi n'ajoutez-vous pas, *et de la légitimité?* » Je leur répondrai : « Parce que j'évite les pléonasmes autant que je puis. Légitimité n'est autre chose qu'émanation de la loi. *Lex, legis*, loi; d'où *légitime, légitimité*. Mais quelques hommes qui prononcent ce mot, comme Tartufe prononçait celui de religion, y attachent l'idée absurde de droit divin. Ils obscurcissent ainsi les notions les plus claires, et tendent imprudemment à remettre en question ce qui est décidé. Lorsque je professe hautement le culte de la constitution monarchique de mon pays , et l'horreur du renversement de cette constitution , ne donné-je pas toutes les garanties désirables? Le respect pour la dignité des citoyens, trop souvent compromise dans les sermens politiques , devrait défendre à l'autorité de jamais en exiger un autre que celui-là.

FIN.

IMPRIMERIE DE FAIN , PLACE DE L'ODÉON.

www.ingramcontent.com/pod-product-compliance
Lightning Source LLC
Chambersburg PA
CBHW060814280326
41934CB00010B/2688